史家第一——司马迁

◎ 主编 金开诚

◎ 编著 孟凡慧

吉林出版集团有限责任公司

吉林文史出版社

图书在版编目（CIP）数据

史家第一——司马迁 / 孟凡慧编著 . —长春：吉
林出版集团有限责任公司: 吉林文史出版社，2010.11（2022.1重印）

ISBN 978-7-5463-4124-8

Ⅰ . ①史… Ⅱ . ①孟… Ⅲ . ①司马迁（前 145 ~ 前
90）– 传记 – 通俗读物 Ⅳ . ① K825.81–49

中国版本图书馆 CIP 数据核字（2010）第 222274 号

史家第一——司马迁

SHIJIA DIYI SIMAQIAN

主编/ 金开诚 编著/孟凡慧

项目负责/崔博华 责任编辑/崔博华 高原媛

责任校对/高原媛 装帧设计/李岩冰 赵 星

出版发行/吉林文史出版社 吉林出版集团有限责任公司

地址/长春市人民大街4646号 邮编/130021

电话/0431-86037503 传真/0431-86037589

印刷/三河市金兆印刷装订有限公司

版次/2010 年 11 月第 1 版 2022 年 1 月第 7 次印刷

开本/640mm×920mm 1/16

印张/9 字数/30千

书号/ISBN 978-7-5463-4124-8

定价/34.80元

前　言

　　文化是一种社会现象，是人类物质文明和精神文明有机融合的产物；同时又是一种历史现象，是社会的历史沉积。当今世界，随着经济全球化进程的加快，人们也越来越重视本民族的文化。我们只有加强对本民族文化的继承和创新，才能更好地弘扬民族精神，增强民族凝聚力。历史经验告诉我们，任何一个民族要想屹立于世界民族之林，必须具有自尊、自信、自强的民族意识。文化是维系一个民族生存和发展的强大动力。一个民族的存在依赖文化，文化的解体就是一个民族的消亡。

　　随着我国综合国力的日益强大，广大民众对重塑民族自尊心和自豪感的愿望日益迫切。作为民族大家庭中的一员，将源远流长、博大精深的中国文化继承并传播给广大群众，特别是青年一代，是我们出版人义不容辞的责任。

　　本套丛书是由吉林文史出版社和吉林出版集团有限责任公司组织国内知名专家学者编写的一套旨在传播中华五千年优秀传统文化，提高全民文化修养的大型知识读本。该书在深入挖掘和整理中华优秀传统文化成果的同时，结合社会发展，注入了时代精神。书中优美生动的文字、简明通俗的语言、图文并茂的形式，把中国文化中的物态文化、制度文化、行为文化、精神文化等知识要点全面展示给读者。点点滴滴的文化知识仿佛颗颗繁星，组成了灿烂辉煌的中国文化的天穹。

　　希望本书能为弘扬中华五千年优秀传统文化、增强各民族团结、构建社会主义和谐社会尽一份绵薄之力，也坚信我们的中华民族一定能够早日实现伟大复兴！

目录

一、龙门后代

　　司马迁是我国古代天才的历史学家和天文学家。他著述《史记》的目的是"究天人之际，通古今之变，成一家之言"，也就是研究"天"与"人"的关系，认识历史从古到今的发展变化，写出自己的一家之言。鲁迅先生曾评价《史记》是"史家之绝唱，无韵之离骚"。司马迁的成就是多方面的。他是伟大的史学家，他的《史记》在我国古代文学史上树起了一

座丰碑。他创造性地探索了以人物为主体的历史编纂方法，以拥抱整个民族文化的宽广胸怀，熔三千年政治、经济、文化于一炉，完成了《史记》这部气魄雄伟、包罗万象、博大精深的百科全书式的通史巨著，成为历代史家学习、仿效的楷模。他也是卓越的文学家，以卓越的艺术才华，为我国传记文学开拓了一代新风。有人说，屈原的辞赋、司马迁的散文、杜甫的诗歌、曹雪芹的小说都是我国古代文学史上划时代的作品。可见司马迁在文学史上的成就和地位。

司马迁不仅给后人留下了一份传世不朽的文化遗产，而且还树立了一个百折不挠、忠于事业的光辉榜样。让我们一起来追寻这位文化巨人的思想和文化脉搏。

（一）天官世家

古代人做事总讲究名正言顺，就连史学大家司马迁也是如此。

古代人在做官以后，通常以官名或居住地名作为自己的姓延续下去。司马之姓氏便是如此。司马迁在《史记·太史公自序》中道："昔在颛顼，命南正重以司天，北正黎以司地。"南正和北正都是官名，南正重执掌天上的神事，北正黎执掌世间的人事。这是远古时代即神话传说时代的事情。重

氏、黎氏世世代代都掌管天文地理。司马迁认为他的祖先就是从此而来。到周宣王时，重氏、黎氏的后代失去了掌管天文、地理的官职而居司马之职。而有个名叫程伯休甫的后代人官居司马，于是，程伯休甫这一支重、黎的后代便改姓司马了。司马迁的这支家族，就是由此传下来的。实际上，司马迁讲述自己祖先的这些事情未必能确切考证，但是这也反映了他远大抱负的基点——天官世家。

读《太史公自序》可以发现，事实上，自程伯休甫官居司马之后，他们就不再是史官世家了。周惠王、周襄王以后，司马氏便分散开来。到了战国时期，秦国有个名叫司马错的人在秦惠文王时为官。司马错在历史上是很有名气的，是司马迁的八世祖，最有名的是他与张仪的大辩论。历史是这样记载的，惠王更元九年(公元前316年)，蜀国(今四川益地)发生内乱，向秦国求援，而此时韩国(国都在今河南新郑)又攻打秦国。秦惠王在伐韩还是伐蜀的问题上拿不定主意，就去征求张仪和司马错的意见。张仪以"挟天子以令诸侯，诸侯莫不从命"为据，主张伐韩。司马错却说："我不这么认为。我听说，要想富国必先扩大领土，要想强兵必先使人民富裕。现在蜀国局势动荡，得到蜀国土地足以扩大秦国领土，取得蜀国财富足以使人民富裕。而周王室为天下共奉的宗主，挟持周王无异于引火上身。只有伐蜀才既得实惠，又不会有人出面干涉。因

而伐韩不如伐蜀。"秦惠王听从了司马错的意见，攻下蜀地，并任命司马错镇守。司马错经营蜀地几十年，为秦国立下了非常大的功劳。

司马错的孙子叫司马靳，在秦昭王时为白起部将，由于在长平之战中白起和司马靳活埋了赵国在长平的降兵，回到秦国后他与白起同时被秦昭王赐死于杜邮。这时少梁也改名为夏阳。司马靳的孙子司马昌是秦朝主管炼铁的官，在古代，这是一个非常重要的官职。铁在古代农耕社会有着极大的重要性，农业以铁为生产工具则生产水平有极大提高，铁还关系到军事装备等重大问题，因此铁的生产、销售都要依靠政府严格管理。

《史记》中记载，司马昌生司马无泽，司马无泽担任汉的市长（管理城市的商业地区），无泽生司马喜，喜被封为五大夫。在汉代有二十等爵位,爵位有名无实,不是官职,五大夫是第九等,喜可能是因为军功受爵。司马喜的儿子司马谈,是文景时期的人,在汉武帝时期司马谈担任太史公,乃司马迁之父。不过此时的史官与古代不同,只是一个中级官僚。由于家族对司马谈的影响,以及司马谈的史学之才,使其重新继承了远祖的史官世家之传统。

(二) 史学家之父

司马谈生活于文、景时代,生年不详,死于武帝元封元年(公元前110年)。汉武帝时任太史公。太史公是汉武帝时设立的一个官职,武帝比较注重人才。司马谈有着广博的历史知

识。据《史记·太史公自序》记载："太史公学天官于唐都，受《易》于杨何，习道论于黄子。"

唐都是汉代有名的天文学家。武帝初年曾被召见，让他测定二十八星宿的距离和角度，后来和司马迁一起制定太初历。司马谈就向他学习天文地理。杨何，西汉淄川（今属山东淄博市）人，字叔元，受《易》于田何，因通晓《易经》，于武帝元光元年（公元前134年）被朝廷征召，官至中大夫。著有《易传杨氏》两篇，后来亡佚。司马谈师从杨何学习《易经》，掌握天文星象、阴阳凶吉等知识也是他作为史官的重要职责。汉初比较流行黄老学说，这是以道家思想为主，以黄帝为依托的道家理论。汉初的统治者谙熟黄老之学，上至当权阶层，如文帝、景帝、窦太后，下至一般地主阶级知识分子，如曹参等，都主张清静无为。

老子故里
安徽涡阳

黄子就是黄生，据说是个很善言辞的人，曾经在景帝面前与辕固生进行过精彩的辩论。辕固生是《诗》学博士，在当时堪称《诗经》专家。就商汤伐桀、武王伐纣这两则事件的性质，辕固生说："夏桀、商纣暴虐，所以商汤诛夏桀，武王讨商纣。天下归于商汤和武王。这是顺应天意和民心的事情。"而黄生却以"汤武非受命，乃弑也"为由据理力争。意思就是，商纣虽然失去道义，但仍是君王，君王有过，臣下应当劝谏，岂能上下错位，取而代之？黄生用儒家的君臣尊卑观念来反驳辕固生。岂料辕固生回答道："必若所云，是高帝代秦即天子之位，非邪？"以此推论，高祖代秦，即天子之位，也是大逆不道的篡弑行为吗？辩论到此，两者各持己见，互不相让。于是景帝出面制止道："食肉不食马肝，不为不知味；言学者无言汤武受命，不为愚！"（《史记·儒林列传》）这是句很有意思的话，即吃肉不吃有毒的马肝，不算不知味；讨论学问，避开汤武，没人说你们愚昧。这场辩论也就到此为止了。后人对黄生的认识也不过如此，历史上关于他的记载少之又少。不过他对司马谈的影响还是很大的，这在司马谈《论六家要旨》中可以看出来。

司马谈的《论六家要旨》在中

国学术史上第一次明确了"家"的概念，并在先秦以来学术系统研究的基础上归纳出六大主要流派，即"六家"——阴阳、墨、儒、名、法、道。由此可见司马谈深邃的历史观察和判断分析的能力。《论六家要旨》也具有重要的社会实践价值，即在于它着眼于各家学说对国家社会的作用。统治者如能弃六家之所短而取其所长，定能在国家治理中取得成功。事实上，汉武帝即位后，摒弃黄老之学，独尊儒术，说不定正是对这一现象的解释和体现。

《论六家要旨》是一篇在中国学术史上产生重大影响的著名文章，直到现在也是我们研究学习古代思想学术史的必读篇章。

公元前140年，汉武帝刘彻即位，开始了长达六十余年的文治武功的统治时期。这时，汉朝已经过了汉初七十余年的恢复和发展期。诸侯国割据逐步解决，中央集权大大加强，国力得到充实。从汉武帝初年，司马谈做了太史令，直到武帝元封年间，司马谈一直担任史官。在这期间他进行了大量的历史撰述工作，留下了丰富的历史学著作材料。

武帝元封元年（公元前110年），武帝东巡，举行了旷古未有的封禅大典。司马谈滞留洛阳，未能从行，"故发愤且卒"，愤恨而终。司马迁出使归来，"见父于河洛之间"，司马谈流着眼泪将后事嘱托于司马迁。"余先周室之太史也。自上世尝显功名于虞夏，典天官事。后世中衰，绝于予乎？汝复为太史，则续吾祖矣。今天子接千岁之统，封泰山，而余不得从行，是命也夫，命也夫！余死，汝必为太史，为太史无忘吾所欲论著矣。"可见，

司马谈未能从行封禅与未能完成著史的愿望是遗恨终身的，并将论著历史的夙愿和理想留给了司马迁。但司马谈在世之时已做了不少撰史工作，为《史记》的写作奠定了很好的基础，后来都被司马迁编进了《史记》之中。对于司马谈所做的贡献，后世所给予的评价是很高的。杨燕起先生曾说："司马谈为《史记》撰写所付出的长期心血和艰苦劳动，仍是人们永远纪念的。故此，司马贞在《史记索隐序》中明确肯定：'《史记》者，汉太史令司马迁父子之所述也。'"司马迁子承父业，著称于史坛。

（三）少年显才

司马迁，字子长，汉左冯翊夏阳（今陕西韩城）人。生于汉景帝中元五年（公

元前145年，或说生于武帝建元六年，即
公元前135年），卒于武帝晚年，大约活了
五十多岁。

司马迁幼年时在家乡生活，"耕牧河
山之阳"，在这"山环水带，嵌镶蜿蜒"的
自然环境里成长，既被山川的清新之气
所陶冶，又对民间生活有一定体验。10岁
左右，跟随父亲到京师长安，开始研读
古文。入京师后，向大儒孔安国学习古文
《尚书》。《尚书》有今文古文之分，这还

要从秦始皇焚书坑儒说起。秦始皇焚书时，济南有一位名叫伏生的博士，将《尚书》藏在家中才躲过了秦火之厄运。到汉文帝时征引《尚书》，听说伏生收藏有此书，于是文帝派晁错前往济南，由伏老口传，晁错笔录，得二十九篇。由于晁错是用隶书书写的，所以这部书就称为《今文尚书》。景帝后元二年(公元前141年)，鲁恭王扩建宫室，损坏了孔子旧宅，在墙壁的夹层中发现了《尚书》数十篇，为孔安国所得。这部书比《今文尚书》多出十六篇，称为《古文尚书》。

司马迁向孔安国学习的就是《古文尚书》，本书既包括进一步接受古典语言文字学的训练，又包括学习《古文尚书》的注解。

凤俗移易人民富庶
蒸薄弃偷帝永终誉

汉景帝

司马迁有着这方面的素养，加上勤奋学习，所以学识日益丰富。同时，孔安国的思想也深深地影响着司马迁。

司马迁还师从董仲舒学习《春秋公羊传》，董仲舒是他的第二位老师，是汉代著名思想家，今文经学大师，景帝时《春秋》学博士，学问精深，弟子众多，曾经在家读书，三年未尝跨入自家后花园一步，有"三年不窥园"的美誉。董仲舒的思想，对司马迁的影响是巨大的。董仲舒对待《春秋》的态度，以及公羊学说的历史观和天人学说，都深深影响着司马迁。但是司马迁对董仲舒的思想并不是全盘接受的，而是有继承，有舍弃，并进行批判性地改造。

除此之外，司马迁还博览六艺、百家杂语，又从名师受业，靠着自己的勤奋，他从父亲司马谈那里学到了天文、星占、卜筮和黄老学说。从孔安国那里，他学到了古文学和用今文解说的《古文尚书》，还有属于古文学派的其他古籍。从董仲舒那里，他又学到了以《春秋公羊学》为轴心的今文学派理论。于是，年甫弱冠的司马迁便成为通晓当时主要学问的青年学者。司马迁自己也说道："年十岁则诵古文。"小小年纪就显示出如此才能，非常人能够相比，可谓神童。管子曾说过：一个人只有不间断地学习，才有可能成为圣人。司马迁正是这样的人。司马迁晚年回忆起这段时光写道："仆少负不羁之才，长无乡曲之意。"可见他少年时代才气横溢，性情不羁，人们对他的杰出才能是给予认可的。

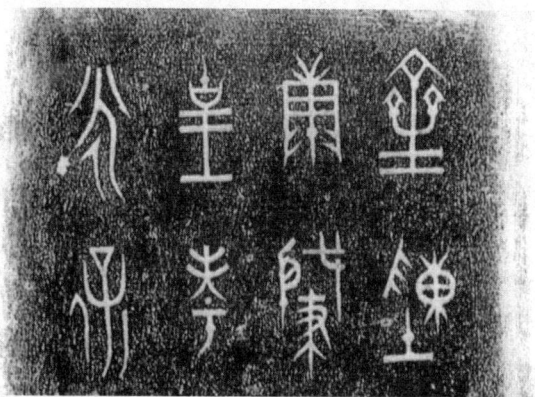

建元二年（公元前139年），汉武帝在他母亲的原籍槐里县(今陕西兴平县东南)的茂乡，建造自己的陵园，并把茂乡

改为一个县,叫作茂陵(今陕西兴平县东北)。第二年,他鼓励人民移住茂陵,移住的每户给钱二十万,田两顷。并在长安城北面西头的一个门——便门外,造便门桥,横跨渭水之上。茂陵在长安西北八十里,便门桥在长安西北四十里,长安人出便门,经便门桥,往茂陵,一路直达,很方便。于是茂陵成为一个新的名胜区域。

元朔二年(公元前127年),汉武帝为了加强对封建王朝的统治,听信了大

臣主父偃的计策——将天下豪强、乱民都迁徙到茂陵，这样既可以削弱奸猾之人，同时又可以捍卫京师。因此，汉武帝迁徙天下郡国豪杰及家产在三百万以上者往茂陵。于是茂陵不仅成为皇家贵族的游园别墅，而且还成为封建王朝管制豪强的区域。轵县(今河南济源县)人游侠郭解，本来家贫，不合迁徙的规定。但郭解在民间名声很大，因此地方官吏不得不点名要他家迁居。大将军卫青给郭解讲情，说郭解家贫，不合迁徙的条件，汉武帝说："一个老百姓能够使大将军帮他讲话，他的家一定不穷。"

于是，郭解最终举家前往茂陵。司马迁大概在这个时候见过郭解，并且对他印象很深。

在武帝开始鼓励人民、继而强迫豪强迁往茂陵的形势下，司马迁的家庭不知在哪一年，更不知由于什么原因，也搬到茂陵来了。可能在茂陵初建的时期，司马谈到长安做官，因为侍从武帝的缘由，就已经家徙茂陵，也可能是在元朔以后徙家茂陵的。因为这时，迁徙茂陵已经成为封建王朝的政治压迫，司马迁虽然不是郡国豪强，却是王朝官吏，为了职务上的方便，也就徙家茂陵了。因此，茂陵显武里成了司马迁的新籍贯。后来到了太始元

年（公元前96年），司马迁50岁的时候，汉武帝又一次迁徙郡国豪强六万一千零八十七户，人口二十七万七千二百七十七人到茂陵和云陵（今陕西淳化县北），约占右扶风二十一县户口的三分之一，这时茂陵已成为一个以贵族和豪强集中为特征的著名城市了。

二、从仕之途

(一) 遨游南北

　　大约20岁的时候，司马迁开始外出游历，考察民情，询问典故，他足迹遍布长江中下游和山东、河南一带。如史书记载："南游江、淮，上会稽，探禹穴，窥九疑，浮于沅、湘，北涉汶、泗，讲业齐、鲁之都，观孔子之遗风，乡射邹、峄，厄困鄱、薛、彭城，过梁楚以归。"这其中的每一个地方都有着吸引人的故事。司马迁从京师长安出发，向南进发，出武关(今陕西商县东)，经南阳(今河南南阳)，到了南郡(今湖北江陵)，渡江辗转汨罗江畔，凭吊爱国诗人屈原。

大诗人屈原的故事可谓家喻户晓、妇孺皆知。屈原是中国最伟大的浪漫主义诗人之一，也是我国已知最早的著名诗人和伟大的政治家，他生于楚国贵族家庭，早年受到楚怀王的信任，任左徒、三闾大夫，帮助楚怀王商议国事，治理国家。在屈原的努力下，楚国国力开始增强，但由于自身性格耿直加上他人的谗言与排挤，屈原逐渐被楚怀王疏远。公元前305年，屈原因反对楚怀王与秦国订立联盟，被楚怀王逐出郢都，流落到汉北。流放期间，屈原感到心中郁闷，开始文学创作，在其作品中洋溢着对楚地楚风的眷恋和为民报国的热情。公元前278年，秦国

大将白起挥兵南下，攻破了郢都，屈原在绝望和悲愤之下怀抱大石投汨罗江而死。这位品格卓越、才华盖世的伟大诗人临死前留下了"众人皆醉我独醒，举世皆浊我独清"的豪迈之言。屈原作品文字华丽，想象奇特，比喻新奇，内涵深刻，成为中国文学的起源之一。至今人们还深深怀念这位伟大的诗人。

屈原一生的事迹也深深震撼和撞击着司马迁的心灵，使他不由自主地想到了当下社会。文帝时有位大才子名叫贾谊，由于他才华横溢、多方崭露头角而被同

僚排挤，后被文帝贬为长沙王太傅。其著名的《吊屈原赋》正是借此来释放心中的悲哀的，也暗示了他的遭遇与屈原有相似之处。

之后司马迁游历到湘江上游的零陵郡（汉武帝元鼎六年始置）内，这里有九嶷山。九嶷山山势绵延，横跨数郡（郡是秦汉时期的行政单位，约相当于今天的省），共有九座著名的山岭，因山岭不同，形势相似，游人来此，极容易疑惑迷路，所以称为"九疑"。这里相传是虞舜埋葬的地方，司马迁来到这里

寻访虞舜的遗迹，寄托他的哀思。在会
稽山，司马迁又祭拜了大禹。相传，大禹
治水时，三过家门而不入，最后死在会稽
这个地方。另外，会稽一带还是吴、越故
地，吴王阖闾和越王勾践的故事仍广为流
传。这大概也是"窥九疑，浮于沅、湘"的
缘由，司马迁徜徉于历史与现实的游弋之
中，深深感慨和体会了历史从过去走来和
将向未来走去的道路。然后司马迁又来到
了齐、鲁之都——孔子的故乡，儒家文化

的发源地，这使司马迁心潮澎湃、激动异常。受到当时时代风气的影响，后来他在《孔子传》中写道："《诗》有之：'高山仰止，景行行止。'虽不能至，然心乡往之。余读孔氏书，想见其为人。适鲁，观仲尼庙堂、车服、礼器，诸生以时习礼其家。余低回留之，不能去云。更天下君王至于贤人众矣，当时则荣，没则已焉。孔子布衣，传十余世，学者宗之。自天子王侯，中国言六艺者折中于夫子，可谓至圣矣！"由此可见，司马迁对孔子是非常尊崇的，孔子也是中古文化中公认的圣人。离开鲁国文化圣地后，司马迁又来到了齐国国都临淄，学习了饮酒、射箭的礼节，还游历了孟尝君的封地——邹县以南的薛城。

孟尝君是战国时期齐国公子，以养士著

称。据说，他在薛邑，招揽宾客以及犯罪

逃亡的人，很多人归附了他。孟尝君宁肯

舍弃家业也要给他们丰厚的待遇，因此

天下的贤士无不倾心向往。他的食客有

几千人，待遇不分贵贱。孟尝君每当接待

宾客，与宾客谈话时，总是在屏风后安排

侍史，让他记录自己与宾客的谈话内容，

记载所问宾客亲戚的住处。宾客刚刚离

开，孟尝君就派使者到宾客亲戚家里抚

慰问候，献上礼物。有一次，孟尝君招待

宾客吃晚饭，有个人

遮住了灯烛，那个宾

客很恼火，认为饭食

的质量肯定不相等，

放下碗筷就要辞别。

孟尝君马上站起来，

亲自端着自己的饭食

与他的相比，那个宾

客惭愧得无地自容，

就以刎颈自杀表示谢罪。因此贤士们有很多人都情愿归附孟尝君。孟尝君对来到门下的宾客都热情接纳，不挑拣，无亲疏，一律给予优厚的待遇，所以宾客人人都认为孟尝君与自己亲近。司马迁离开薛城后，来到了彭城（今江苏徐州市）。这是楚霸王项羽的都城，是楚汉战争的战场。司马迁对项羽的英雄气概十分敬仰，对他的遭遇又很感叹。从彭城向西北走，到了刘邦的故乡——沛县。高祖刘邦从起兵到立汉，期间的许多故事都成为历史典故。楚汉战争时，项羽曾以三万精兵击败了刘邦五十万大军，而最终汉高祖却战胜项羽，建立汉朝。司马迁来到这里考察，收获也很大。他说，"吾适丰沛，问其遗老。观故萧、曹、樊哙、滕公之家，及其素，异哉所闻！"可见，他对刘邦时期的人物也非常感兴趣，这些人都出身于社会下层，在社会

变动中辅助刘邦，最终成为一代功臣将相。

司马迁游历的最后阶段，迁"过梁楚以归"。大梁即今天的河南开封市，战国时期是魏国都城。魏国也是当时的强国，最后被秦吞并。说到魏国，这里还有著名的战国四大公子之一——信陵君。而信陵君窃符救赵的故事也是家喻户晓的。

司马迁离开大梁后，沿黄河西行，经洛阳、函谷关后回到长安。这次长途旅行，是一次壮举，也是司马迁学习和实践的过程。他游历了祖国的大好河山，接触了各地人民，考察了历史事迹，开阔了胸襟，其收获丰富而宝贵，为他以后的历史著述提供了基础和大量帮助。

（二）入仕郎中

司马迁在漫游之后，大约在公元前112—公元前116年间做了郎官。郎官相当于帝王侍从，一般都由比较年轻的人担任，其职责为护卫陪从、随时建议、备顾问差遣等，一直沿用到清朝。在汉代，郎官是很重要的职位，可以理解为皇帝的护卫，其中有议郎、中郎、侍郎、郎中等，没有规定数额，最多至上千人。一般说来，官员要想提升，就要先做郎官。汉代的郎官都是在贵族子弟中选拔的优秀人才，说是在皇帝身边做侍卫，实际上是学习做官、增加阅历，一般经过一段时间的历练，都会被任命正式的行政职位。像曹操、袁绍都是做郎官出身。郎官在宫廷内部、皇帝身边，平时是很

风光的。而一旦由内廷外调，往往为"长吏"。所以郎官是富贵子弟追求仕进的目标。虽然司马迁也做郎中，但只是地位最低的小郎官，可是由一个普通朝廷官员的儿子成为皇帝身边的亲信，以及到后来成为太史令，却说明了仕途的坎坷艰辛，也证明司马迁的才能有了用武之地。但究竟是何原因使得司马迁成为郎官，史书中没有记载，我们也无从知晓，只能从相关记载中推知一二。元朔五年(公元前124年)丞相公孙弘建议为博士置弟子员，博士弟子受业一年，进行考试，能通一艺以上者，有资格充任郎中，从而为贫民子弟走上仕途提供了方便之门。司马迁的父亲司马谈为太史令，秩六百石，不是两千石高官，但总算是在朝廷做官，在皇帝身边工作。加上司马迁才干超绝，很得武帝赏识，所以，司

马迁出仕郎中，可能是两方面因素兼而有之。

司马迁出任郎中时期，他认识了李陵，这是在精神、经历上影响甚至改变司马迁一生的一个人。李陵是李广的孙子。提起李广，人人皆知，其祖先是秦朝将军李信，曾率军战败燕太子丹。李广继承祖传弓法，射得一手好箭。汉文帝十四年(公元前166年)，匈奴大举入侵边关，李广以良家子弟从军抗击匈奴。因善于射箭，杀死和俘虏了众多敌人，升为郎中，以骑士身份侍卫皇帝。多次跟随文帝射猎，格杀猛兽，文帝曾慨叹："惜乎，子不遇时！如令子当高帝时，万户侯岂足道哉！"（《史记·李将军列传》）汉景帝即位后，李广为陇西都尉，不久升为骑郎将。吴楚七国之乱时，李广任骁骑都尉跟随太尉周亚夫抗击吴楚叛军。因夺取叛军帅旗在昌邑城下立功显名。虽有功，但由于李广接受了梁王私自授给他的将军印，回朝后，没得到封赏。在抗击匈奴的战争中，李广做出了杰出的贡献。时人称其为"飞将军李广"。李广有子三人，长子李当户早死，有遗腹子李陵。关于李陵，在下文中将论述。

公元前113年，汉武帝开始巡行郡县，巡行期间，武帝曾多次祭祀五帝。司马迁父子自然都参与了这些活动，他们扈从

武帝先后到过夏阳、汾阴、逾陇山、登崆
峒、北出萧关(今甘肃固原县东南)，和数
万骑骑兵一起打猎于新秦中(在今内蒙古
河套一带)，然后回到甘泉。在甘泉(今陕
西甘泉西南)进行祭祀并建立了泰畤，泰
畤就是祭祀天神泰一的祠坛。当时的祭
神典礼是由司马谈等人议定的。后来司马
迁回忆说："系尝西至空桐(崆峒)。"就是
讲这一次侍从武帝西登崆峒山的事。

（三）奉命西征

奉命西征巴、蜀以南，是司马迁青年时代出仕郎中以后所做的第一件大事。此次奉使之游可与二十岁时的壮游相比肩，所以司马迁在《太史公自序》中紧接二十岁壮游之后赫然大书："于是迁仕为郎中。奉使西征巴、蜀以南，南略邛、笮、昆明，还报命。"汉武帝时期，经过了汉初文景之世几十年的恢复和积累，国力大大加强。因此武帝时展开了积极征服四夷的外扩活动。向北讨伐匈奴、西北开拓西域、东北征服夫余、南征南粤、西南征伐夷等等。在对待西南夷的问题上，早在武帝建元六年（公元前135年），就令王恢派遣番阳县令唐蒙进入南越国宣传西汉王朝的政策。唐蒙曾上书汉武帝，请求先派兵征服西南夷的夜郎国，再利用夜郎国的兵士征服当时还没有彻底臣服西汉王朝的南越国。同时，西汉王朝还可以把夜郎国囊括进西汉王朝的版图。汉武帝答应了唐蒙的请求，拜唐蒙为郎中将，于是唐蒙从蜀地的筰关进入了夜郎国，也就是从现在四川的汉源至西昌的这条道路进入了夜郎国。同时带了许多商业物品，

一路上使用这些丰富的汉地商业物品来贿赂那些夜郎国中的大小部落，同时又宣传西汉王朝的政策，这使得夜郎国国内的各部落和老百姓欢欣鼓舞。这样，汉军没有使用兵戈，就轻易征服了夜郎国，唐蒙顺势就在夜郎国境内设立了犍为郡。这个犍为郡后来号称三蜀之一，是西汉王朝的益州三大汉郡之一。汉武帝屯田西域，西域的葡萄、核桃、石榴、蚕豆等传入中国，西域的音乐也对中原的音乐产生了

深远的影响。汉武帝时期，出使西南的还
有一位有名人士，即司马相如。司马相如
最为人知的是他作为文学家的一面，著
名的《长门赋》就出自他的手笔。

汉赋是在汉代涌现出的一种有韵的
散文，它的特点是散韵结合，专事铺叙。
汉赋的内容可分为五类：一是渲染宫殿
城市；二是描写帝王游猎；三是叙述旅
行经历；四是抒发不遇
之情；五是杂谈禽兽草
木。而以前二者为汉赋
之代表。赋是汉代最流
行的文体，在两汉四百
多年间，一般文人多致
力于这种文体的写作，
因而盛极一时，后世往
往把它看成是汉代文学
的代表。

《长门赋》的创作
背景是这样的：汉武帝

时,陈皇后(成语金屋藏娇的主人公)被贬至长门宫(冷宫),后来她命一个心腹内监,携黄金千斤,请大文士司马相如代作一篇赋,写自己深居长门的哀怨。司马相如于是挥毫落墨,洋洋洒洒作了《长门赋》。这篇赋完成以后,陈皇后命宫人日日传诵,希望武帝听到后回心转意。《长门赋》虽是千古佳文,却终究挽不回武帝的旧情。到了其祖母窦太后死后,陈氏寥落悲郁异常,不久也魂归黄泉。

司马相如不仅是大文士,还擅奏古琴,实在是难得的才子,汉武帝时他奉命两次出使西南夷,他所作的《难巴蜀父老书》是当时诠释西汉王朝扩张边疆边民的一篇宏文。在唐蒙、司马相如等出使西南夷后,西南地区逐步稳定下来。为了进一步巩固汉王朝对西南地区的统治,元鼎六年(公元前111年),汉武帝再

次派出司马迁出使西南。司马迁当时由长安启程，大概南出汉中，经蜀郡到沈犁郡。这就是司马迁在《太史公自序》中所写"奉使西征巴、蜀以南，南略邛、笮、昆明"。时年司马迁35岁，这次出使，司马迁收获了很多，了解和体会了西南地区的地理、物产、民情、风俗，这对他后来写《货殖列传》等有很大的帮助。到这时候为止，司马迁足迹已遍及祖国的大江南北。

三、著书之路

（一）扈从封禅 负薪塞河

继西南夷和南越之后，分布在今福建的一支越族——闽越也归附了汉王朝。从秦末汉初以来，常常侵袭汉朝北方边境的强敌匈奴，经过元朔二年（公元前127年）、元狩二年（公元前121年）、元狩四年（公元前119年）三次关键性的战役，终于被汉军逐出漠南，逐渐向西北迁徙，

匈奴对汉的威胁基本上解除了。这样，汉王朝就达到了全盛时期，使得武帝很有理由设想进行封禅大典的事了。

武帝元封元年（公元前110年），司马迁回到长安，这时汉武帝正在举行封禅大典。封禅是古代帝王为祭拜天地而举行的活动。封禅，封为"祭天"（多指天子登上泰山筑坛祭天），禅为"祭地"（多指在泰山下的小丘除地祭地），"封禅"即古代帝王在太平盛世或天降祥瑞之时祭祀天地的大型典礼。汉武帝时，中央集权大大加强，四方少数民族得到有

效治理，为了夸耀这一文治武功，昭示自
己受命于天，在臣下的劝谏下，武帝准备
亲往泰山封禅，并决定仿效古人，先"振
兵释旅，然后封禅"（《汉书·武帝纪》）。
据《史记·孝武本纪》说，汉武帝即位之
初，就有人主张封禅。武帝本好儒术，经
赵绾、王臧等人的议论，也不觉动心。于
是准备立明堂朝见诸侯，并起草了巡狩、
封禅、改历法、服色等制度。但是，当时

窦太后还掌握着大权，窦太后不喜儒术而尊崇黄老，因此，对赵绾、王臧不满，结果赵、王二人被迫自杀，封禅之事被搁置。一直到元封元年（公元前110年）才正式封禅泰山。当年三月，汉武帝率群臣北巡朔方，耀威塞外。然后东巡海上，接着就东上泰山，派人在岱顶立石。四月，自定封禅礼仪，封禅结束后，汉武帝在明堂接受群臣的朝贺，并改年号元鼎为元封。

武帝即位是年号为建元，至此元封共有六个年号，每个年号皆六年。元封的封，自然是封禅的标志。

当武帝正在进行封禅的时候，司马迁从西南回到长安，没有见到武帝。于是赶到洛阳，见到了重病在身的父亲司马谈。司马谈侍从武帝封禅，因为有病在洛阳滞留。司马谈身为太史令，有责任记录国家大事，现在却因病不能亲自参加国家的封禅大典，感到十分的失望和悲哀。在生命的最后一刻，他拉着司马迁的手，将后事托付给司马迁，并且说道："今天子接千岁之统，封泰山，而余不得从行，是命也夫，命也夫！余死，汝必为太史，为太史无忘吾所欲论著矣。"可见，司马谈希望儿子司马迁继承史官事业，完成他正在进行的著史之事，把家族事业发扬光大，扬名

后世，以显父母。司马迁深为父亲的言语所感动，在床榻前流泪表示：一定要继承父亲遗愿，"请悉论先人所次旧闻，弗敢阙"（《太史公自序》）。

封禅的第二年，元封二年（公元前109年）出现了负薪塞河事件。方士公孙卿报告说："东莱山上神人出现，好像想见天子。"武帝听罢十分兴奋，即以公孙卿为中大夫。于是武帝东巡至东莱，留宿数日，也没看见神人，隐约看见有巨人的足迹。武帝觉得出巡无名，这时又久旱无雨，于是又祈祷于万里沙神祠，祭祀了泰山。然后就亲临濮阳（今河南濮阳县西南）的塞河工地。

原来早在元光三年（公元前132年）的五月，黄河在濮阳瓠子决了口，东南注

入巨野(今山东巨野县)，入淮泗，使十六
郡人民受到灾害。当时武帝曾命汲黯发
动十万人堵住决口，可是没有堵牢，还是
常常决口。这时贵戚武安侯田蚡为丞相，
他向武帝说："江河决口都是天命所决定
的，不要强以人力去修堵。
即使堵住了，也未必是上天
的意思。"武帝听了田蚡的
话，停止了瓠子的堵堤工
程。二十多年来，这个黄泛
区就不断地发生灾害，年
成很少丰收。直到举行封
禅，在各处祭祀山川，武帝
才又想起这件事来。大概
他在此次东巡海上之前，
已命汲仁、郭昌征发民工数
万去塞瓠子了。这时武帝亲
临濮阳的塞河工地，先举
行了祭河礼，将白马玉璧沉
到河中，然后命文武侍从百

官，都去背柴，参加塞河工作。决口处先用竹子一排一排地打下桩，然后填上土石和柴草。这时是春天，因柴草缺乏，工程进行得很困难。武帝深怕这一次塞河又不成功，于是就用当时流行的楚歌体，作了两首悲壮苍凉的《瓠子歌》，为自己徒劳无功、愚惑人民的行为进行辩护。在武帝的亲临督责下，文武侍从都参加了劳动，数万大军也得到一定鼓舞，多年为害的瓠子决口终于堵塞住了。为了纪念塞河工程的完成，武帝还在瓠子新堤上建筑了一座宫殿，命名为宣房宫。

司马迁当时也参加了负薪行列。武帝的《瓠子歌》，也使他深受感动。他的《河渠志》就是在这一事件的直接影响下写出来的。

（二）为太史令 改历著述

司马谈逝世后的第三年，即元封三年（公元前108年），司马迁任太史令，这是他从事著述事业的起点。任太史令期间，司马迁开始整理史料，为他伟大的理想开始了奋斗的旅程。但同时，他要和做郎中时一样，继续侍从武帝。不过太史令的职务比较固定，比如筹备天地山川等的祭祀典礼。到了太初元年（公

元前104年），司马迁倡议并主持了改历工作。当时，改历工作是封建王朝建立后改换旧制度的一个重要部分。战国时期，就流行着齐人邹衍最初倡议的五德终始说。这种学说企图说明：历史上的改朝换代是不断反复的现象，是由客观世界中木、火、土、金、水五种物质力量规律性地前后替代而决定的。这五种物质力量叫做五德，它们的不断替代、反复循环，叫做五德终始。谁要是得了五德中的一德，谁就是受命于天，应该作为一个朝代的统治者。汉兴以来，一直沿用秦的《颛顼历》，因此早有改正朔的必要。司马迁为太史令后，已经注意到了整理历法，到了元封七年，他就和太中大夫公孙卿、壶遂等上书从改正朔的实际需要出发，要求改历法。于是武帝任命司马迁、公孙卿、壶遂和侍郎尊、大典星射姓等共同制定汉历，废除已不适用的颛顼历，改用比较精确的太初历。

颛顼历是秦始皇统一中国后推行于全国的一种历法，以十月为岁首。自秦始皇二十六年至汉武帝太初元年共推行了一百一十七年，但《颛顼历》有一定的误差。公元前104年，天文学家落下闳、邓平等人制订了《太初历》。《太初历》规定一年等于

365.2502日，一月等于29.53086日；将原来以十月为岁首改为以正月为岁首；开始采用有利于农时的二十四节气；这是我国历法上一个划时代的进步。《太初历》不仅是我国第一部比较完整的历法，也是当时世界上最先进的历法，它问世以后，一共延用了一百八十九年。

汉代史官的主要职责有两个，一为司天，二为记事。因此司马迁对修改历法非常重视，认为这是自己平生最值得做的两大重要事业之一。在《史记·太史公自序》中，特别说道："五年而当太初元年，十一月甲子朔旦冬至，天历始改，建于明堂,诸神受纪。"司马迁由郎官而升为太史令,也就由外廷转到了内廷,由皇帝身边的侍从官员变成了封建官僚系统中普通官吏的一员。也正是从任太史令开始,司马迁开始了伟大工程的建设,开始阅读、整理、收集资料,著述历史了。

改制之后,那种太平盛世的气氛,使司马迁仿佛感觉到:作为孔子的一个继承人,著作《春秋》那样一部史书的时候到来了。事实上,此时他也具备了撰述史书的主客观条件。

首先,汉武帝时代的社会条件需要撰写一部通史。从经济上来看,由于采取了轻徭薄赋的政策,人民群众有了从事生产的社会环境,到了武帝初年,社会经济逐渐恢复和发展起来。这段时间里,国家

太平无事，无水旱之灾，百姓家给人足。
农业、商业繁荣发展，财物、粮食累积得
非常多。这同汉初那种经济凋敝的情况
形成了鲜明的对比。从政治上来说，封
建主义的中央集权制度得到了进一步发
展。尤其在汉武帝时期，采取了一系列削
弱诸侯割据势力的措施，中央集权的封
建帝国才算真正完成，国家空前统一。同
经济繁荣、政权巩固、国家统一相适应，
武帝也进行了一系列的文化建设。而统

一帝国也需要有一部规模巨大的历史著作，来记录社会历史发展的全貌，以便为当时的社会发展提供历史的借鉴。

其次，汉武帝时代的西汉社会也为司马迁写这部历史著作提供了充分的条件。一是资料的齐备。司马迁身为太史令，其职责就是保管、整理藏书，这就为编写历史巨著提供了非常优越的资料阅读、收集等条件。二是属于国家政典或其他形式的文书档案，多已公布于世，在社会上有一定影响。

就这样，封建国家出现了空前统一的局面，政治、经济、文化，都有了进一步的发展；但同时封建统治阶级对广大人民的压

迫、剥削也日益严重和残酷，阶级矛盾和统治阶级内部的矛盾也不断地深化和复杂化。清理古代历史文化并记载秦汉以来的近代历史，是适应当时统治阶级的现实要求的。司马迁对父亲司马谈的遗言记得很清楚："周公死后五百年而有孔子，孔子死后到现在又有五百年，是应该有人继承孔子，作一番述作事业的时候了。"因此，他觉得他有责任担当这种事业。

这时和司马迁一道参加改田工作的上大夫壶遂，曾问司马迁："当日孔子为什么要作《春秋》呢？"司马迁首先根据老师董仲舒的议论回答说："当日孔子见天下混乱，知道自己的道理行不通，就在

二百四十二年的事件之中表明是非，作为
天下后世的是非标准，空口说道理，还不
如用事实来说明白有用。"接着他就以董
氏一派春秋家的雄辩姿态，竭力赞扬了
《春秋》的作用。认为《春秋》不是一部
简单的大事记，而是封建统治阶级的一
部政治道德全书。

之后，壶遂又冷静地问道："孔子当
日不遇明君，到处碰壁不被任用，最后没
有办法才作《春秋》，从文辞记事中表明
礼义，以垂后世，作为一个新王的法律。
至于现在，你已经遇到了圣明天子，得到
了一定的官职，天下万事都是有条有理，

各得其当的，足见已有王法了。你要续作《春秋》，究竟想要说明什么？"壶遂的这一反问，确实有道理。因为过分强调《春秋》对乱世的作用，而司马迁又要续作《春秋》，那就无异于说当今不是什么太平盛世，而是一个乱世了。司马迁也知道片面强调孔子作《春秋》对乱世的作用是不完全的、有问题的。于是司马迁就以谦虚的态度说："你的话很对。但是你还没有完全了解我的意思。我记得先父曾说过，伏羲那样淳朴，也作过《易》，尧舜的盛德明载于《尚书》，汤武的兴隆有诗人歌颂。孔子作《春秋》，本来有两方面的作用，采善贬恶，推求三代之德以褒扬周室，并非仅仅是讥讽。汉兴以来，至当今天子，出现了瑞符，举行了封禅，改换了制度，受命于天，恩泽遍施。我现在是史官，废弃盛德而不记载，绝灭功臣、世家、贤大夫的事业而不论述，忘记先人的遗言，这是莫大的罪过。我的计划不过是叙述故事，把杂乱的异闻传说整齐化、系统化而已，并不是什么创作，而你比之于作《春秋》，那是不对的。"通过与壶遂的谈话，司马迁著述的意志更加坚定了。

他除了继父志而修史外，对《春秋》深刻的认识和对现实史学需要的迫切感受，同样促成了《史记》的写作。司马迁认为六经各有其功用和特点，但六经之中最重要的是《春秋》。他说："《春秋》往

上阐明了三王之道，往下辨明了人事纲纪，是礼仪之大宗，王道之大者。"他把《春秋》的性质与功用阐述得很透彻，是因为他有着独到的眼光。

因为对六经有全面的认识，他认同父亲确定了撰述原则："绍明世，正《易》传，继《春秋》，本《诗》《书》《礼》《乐》之际。"即"著天地阴阳四时五行，故长于变"的《易》为历史考察的指导，参照《诗》《书》《礼》《乐》所阐发的原则，著成一部像《春秋》那样的历史巨著来。这个目标也使得《史记》有了很高的撰述起点，保证了它的成功。而当时的时代条件，也为司马迁著述《史记》提供了保障。当时汉朝已建立百余年，

而武帝时在巩固大一统政权方面又取得
了伟大的历史成就，客观上也需要把这一
历史记录下来，完成宣扬大汉之威的历史
使命。而对此，他也有自觉的意识。就在
完成改历这一年，即太初元年，司马迁开
始了著述工作。这一年他42岁。

（三）李陵之祸 发奋著书

汉武帝太初元年（公元前104年），42
岁的司马迁开始着手撰述《史记》。他见
博识广，精力充沛，废寝忘食地工作着。
然而，有思想有个性同时又是朝廷官员的
他也置身于现实社会错综复杂的人际关
系之中。

司马迁从太初元年开始撰写《史
记》，经过七个寒暑，到天汉三年(公元前
98年)，"太史公遭李陵之祸，幽于缧
绁"，蒙受了极大的冤屈，这其中与
一个人物直接相关，就是李陵。

李陵,字少卿,陇西成纪(今甘肃静宁南)人,西汉名将,李广之孙。李陵之父是李广长子李当户,李当户早死,李陵为遗腹子。李陵成年后,被选拔为建章宫羽林军的长官,他擅长射箭,十分爱护手下的士兵。汉武帝因李家世代为将,便让他带领八百骑兵。李陵曾带兵深入匈奴腹地两千余里,侦察地形,但没有发现敌人。后又被任命为骑都尉,率丹阳郡的楚兵五千名,在酒泉、张掖一带教练射术,以防备匈奴。天汉二年(公元前99年)秋,汉武帝遣贰师将军李广利率领骑兵三万出酒泉(今甘肃酒泉县),击匈奴右贤王于天山,同时,又想派李陵从张掖赶回来(今张掖县西北),为李广利军监护辎重。李陵却表示愿率所部五千人直捣单于主力。武帝对他的英勇大加称赞并应允了他。李陵率五千名弓箭手从居延北出发,不久匈奴且鞮侯单于

以三万骑兵围困李陵军于两山之间。汉军以辎重车为营，布阵于营外，前列士兵持戟盾，后列士兵持弓箭。匈奴见汉军人少，便向汉军进攻，结果遭到汉军千弩急射，匈奴兵应弦而倒，被迫退走上山，汉军追击，杀数千人。单于大惊，急调左右部八万余骑攻打李陵，李陵且战且退，士兵伤重者卧于车上，伤轻者推车，再轻者持兵器搏战。李陵说："我军士气为何不振？难道有女子充于军中吗？"原来刚出征时，一些关东盗贼的妻子因迁徙而随之行军，藏于车中，后被李陵发现，全部处斩。第二日再战，斩首三千余级。就这样，激战数十次，汉军多数战死。这场战役李陵以步兵与匈奴骑兵抗衡，孤军苦战，充分发挥了远射兵器弓、弩的作用，杀伤匈奴骑兵万余，其战术运用和战役指挥是成功的。但是由于汉军未能对李陵部实施必要的接应和支援，又遭遇匈奴单于主力，实力相

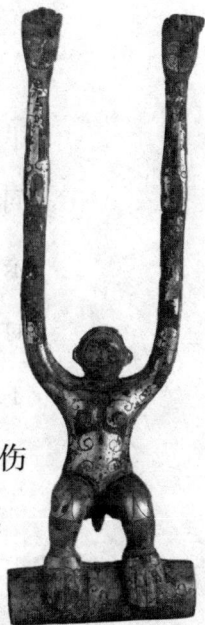

差悬殊，最终造成李陵全军覆灭。

李陵战败的消息很快传到武帝那里。武帝得知李陵投降便大发雷霆，责问陈步乐，逼得陈步乐无话可说，只好自杀。朝廷里一班公卿王侯，当李陵未败时，曾对武帝庆幸恭维，这时听说李陵败了，也只好都说李陵有罪。司马迁之前与李陵一起做过官，可以说是同事，但与他谈不上深交。武帝于是问太史令司马迁，司马迁直言："李陵这个人非常讲究忠孝，与士兵关系也非常亲近，对国家之急常常奋不顾身。现在李陵大败，是因为只有五千精兵，且与单于主力相

遇，还要照顾伤员，在这种情况下还转战数千里，与敌人战斗到最后，实在是不容易，虽败，但还是值得赞扬的。"司马迁怀着一颗公道的心，为李陵说了几句好话，没想到武帝勃然大怒。这样说无形之中就贬低了贰师将军李广利，当时李广利由于李夫人的关系正得武帝宠爱，司马迁这番话无疑惹怒了武帝。就这样，司马迁被下狱，他的"款款之愚"和"拳拳之忠"，无法向武帝表白。

李陵在匈奴一年有余，武帝派公孙敖率兵入匈奴，后无功而还，公孙敖说："我听说李陵教单于练兵以防备汉军，因此我无果而归。"武帝听说，将李陵母弟妻子全部诛杀，陇西士大夫都以李氏为愧，李氏的名声由此败落了。后来，汉遣使出使匈奴，才弄清事情真相，原来为匈奴单于备兵的不是李陵，而是李绪。李绪本为

汉塞外都尉，居奚侯城，后来投降匈奴。李陵倍感悲痛，又无法归汉，于是才投降了匈奴。

李陵在塞外蒙冤而投降的同时，汉廷内部司马迁也因此事下狱。按照汉朝的规矩，即使死刑，也可以用钱赎罪，或者找人说情，也可以得到宽恕。然而，司马迁一条也不具备。他不仅没钱，也无一人肯为他讲话，包括他的那些朋友，因此，摆在他面前的只有两条路：死或者受宫刑。司马迁在给好友任安的信中曾说道："家贫，财赂不足以自赎，交游莫救，左右亲近不为一言。"（《报任安书》）亲友无人能够帮助他，时年四十余岁的司马迁，遭此不测之命运何尝不想一死了之。但是，人死"或重于泰山，或轻于鸿毛"，死的价值何在？自己对良心和公正都没有违背，怎么就能这样死去！他以为"太上不辱先，其次不辱身，其次不辱理色，其次不辱辞令，其次诎体受辱，其次易服受辱，其次关木索被箠楚受辱，其次鬄毛发婴金铁受辱，其次毁肌肤断支

体受辱，最下腐刑，极矣"。人是有尊严的，他想起"西伯拘而演《周易》；仲尼厄而作《春秋》；屈原放逐，乃赋《离骚》；左丘失明，厥有《国语》；孙子膑脚，《兵法》修列；不韦迁蜀，世传《吕览》；韩非囚秦，《说难》《孤愤》；《诗》三百篇，大氐(抵)贤圣发愤之所为作也。"述往事，思来者，这些人都是在遭遇不幸后发愤著书，以鸣其不平于天下后世的。而自己有著史的使命在身，因而必须活下去！"就极刑而无愠色"，他选择了残酷而耻辱的腐刑。从此，他写作的信念更加坚定，同时受封建社会帝王权势所摧残的现实感染，在著史过程中也有所流露。

李陵被俘了，司马迁受了刑。汉家朝廷上自然是持"罪者李陵"意见的这类人获得了胜利。而这些意见的持有者，也至少有相当一部分是司马迁指责的"全躯保妻子之臣"。在今天，明哲保身可以是一种批评，然而在古代，这却是儒家主张的做人的高境界。

司马迁出狱之后，大概在太始元年（公元前96年）左右，做了职高位尊中书令。中书令负责把皇帝的命令下达到尚书，也把尚书的奏折转呈给皇帝。从此以后，司马迁以一个宦者的身份，在内廷侍候，更接近武帝了，好像"尊宠任责"。但他除了坚持他的著述工作以外，对朝廷内外的一切事务，已经毫无兴味，因为他的内心忍受着病苦的煎熬和无限的愤恨。他的旧友益州刺史任安写信给他，用古贤臣的标准要求他。在他的回信——那封有名的《报任安书》里，司马迁把他因李陵事件而得祸的经过和蒙受

的莫大耻辱，以及所以"隐忍苟活"而不能"推贤进士"的苦心，悲凉沉痛地呈献在故人面前，这里包含着深重的愤郁感情。

在这封信里，司马迁说："近年来，我不自量力，也把自己的思想表现在浅薄的文章里，搜罗天下散失的遗闻旧事，考核历史事实，研究事业成败的原因，探索朝代兴衰的道理，一共一百三十篇，也想用它来反映社会关系，通晓从古到今的变化，形成一家学说。"这样看来，此时司马迁毕生努力的著述工作已经基本完成，这是他的理想、血汗和坚忍不拔的精神的结晶。这一年，司马迁53岁。

司马迁终其一生，游历南北、出使西南、扈从封禅，做过郎中、太史令、中书令三个官职。在汉王朝的官僚系统中，这些官职的地位虽然不高，但也是由于这些官职，使他更为广泛地接触到了广大人民，认识了许多师友和著名人物，看到了封建王朝从内廷到外廷的官僚政治的面貌和实质。

司马迁有一个女儿，嫁给了官至丞相的华阴人杨敞，生二子忠、恽。杨恽非常喜爱外祖父司马迁所著的书，也是使之传布的第一人。

四、《史记》之创作

（一）内容及体例

《史记》是中国历史上第一部纪传体通史，全书共一百三十篇，分为本纪、书、表、世家、列传五种形式。成书于约公元前104年至公元前91年，本来是没有书名的，司马迁完成这部巨著后曾给当时的大学者东方朔看过，东方朔非常钦佩，就在书上加了"太史公"三字。"太

史"是司马迁的官职，"公"是美称，"太史公"也只是表明谁的著作而已。班固的《汉书·艺文志》在著录这部书时，改成《太史公百三十篇》，后人则又简化成"太史公记"、"太史公书""太史公传"。"史记"本来是古代史书的通称，从三国开始，"史记"由通称逐渐成为"太史公书"的专名。近人梁启超称赞这部巨著是"千古之绝作"。鲁迅誉之为"史家之绝唱，无韵之离骚"。

《史记》由五体构成：

本纪，实际上就是帝王的传记，因为帝王是治理国家大事的最高首脑，为他们作传记而名之曰"本纪"，正所谓显示天下本体之所在，同时，这也是全书的总纲，是用编年体的方法记事的。在本纪的写作中，司马迁采取了详今略远的办法，时代愈远愈略，愈近愈详。本纪始于

黄帝，因为黄帝是中华民族的始祖，又是
"正名百物"的祖师。又如将项羽列入本
纪，一是楚汉之争时"政由羽出"，一是
推崇其人格。

书，是记载历代朝章国典，以明古今
制度沿革的专章，如果不是熟悉掌故的
史家，是无法撰写成书的。班固《汉书》
改称"志"，成为通例。"书"的修撰，为
研究各种专史提供了丰富的资料。

表，就是记录大事的年表，比如六国
年表。

世家，是记载诸侯国之事的。因诸侯

开国承家，子孙世袭，他们的传记才叫做世家。从西周时的大分封开始，发展到春秋、战国，各诸侯国先后称霸称雄，盛极一时，用"世家"体裁记述这一内容，是非常妥当的。司马迁把孔子和陈涉也列入"世家"，是一种例外。孔子虽非王侯，但却是传承三代文化的宗主，更何况汉武帝时儒学独尊，将其列入"世家"也反映了思想领域的现实情况。至于陈涉，他不但是首先起义反抗秦朝暴政的领导者，而且是三代以来，以平民身份起兵而反抗残暴统治的第一人，司马迁将之列入"世家"，把他的功业和汤流放桀、武王伐纣、孔子作《春秋》相比，反映了作者进步的历史观。

列传,是记载帝王、诸侯以外的各种历史人物的。有单传、合传、类传。单传是一人一传,如《商君列传》《李斯列传》等。合传是记两人以上的,如《管晏列传》《老庄申韩列传》等。类传是以类相从,把同一类人物的活动,归到一个传内,如《儒林列传》《循吏列传》《刺客列传》等。司马迁把当时我国四周少数民族的历史情况,也用类传的形式记载下来,如《匈奴列传》《朝鲜列传》《大宛列传》等,这就为研究我国古代少数民族的历史,提供了重要的史料来源。

据司马迁说,《史记》有本纪十二篇,表十篇,书八篇,世家三十篇,

列传七十篇，共一百三十篇。班固在《汉书·司马迁传》中提到《史记》缺少十篇。三国魏张晏指出这十篇是《景帝本纪》《武帝本纪》《礼书》《乐书》《律书》《汉兴以来将相年表》《日者列传》《三王世家》《龟策列传》《傅靳蒯列传》。今本《史记》也是一百三十篇，有少数篇章显然不是司马迁的手笔，汉元帝、成帝时的博士褚少孙补写过《史记》，今本《史记》中"褚先生曰"就是他的补作。其中《武帝纪》《三王世家》《龟策列传》和《日者列传》四篇由汉博士褚少孙补缺。《汉书·艺文志》中记载冯商续补《太史公》七篇，韦昭注说冯商"受诏续《太史公书》十余篇"，刘知几认为续补《史记》的不只是褚、冯两家，而有十五家之多。《史记》从著作完成，到武帝太初年间，再到刘向、刘歆父子以及诸多好事者，如冯商、卫衡、扬雄、史岑、梁审、肆仁、晋冯、段肃、金丹、冯衍、韦融、萧奋等相继撰续，直到哀平年间，仍命名为《史记》。《史记》以后的历代正史，除极个别外，都是由朝廷主持、按君主的意志修撰的。而司马迁虽然是朝廷的史官，《史记》却没有体现最高统治者汉武帝的意志。据说武帝读《史记》后，对其中几篇感到愤怒，下令加以删削，这也是有可能的。司马迁写《史记》时秉笔直书，在某些方面，敢于批评朝廷，这是封建统治者所不能允许的。

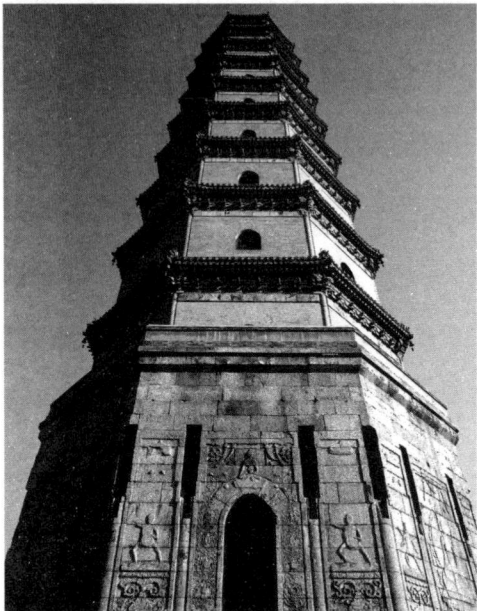

朝廷对《史记》既憎之，又重之，秘不示人，阅读范围仅限于朝廷上层极少一部分人。后来朝廷曾下诏删节和续补《史记》。《后汉书·杨终传》云，杨终"受诏删《太史公书》为十余万言"。被删后仅十余万言的《史记》，在汉以后失传，以后一直流传的是经续补的《史记》。

（二）实录精神

实录精神，又称秉笔直书，是我国宝贵的史学传统，司马迁写《史记》对此有很好的发扬。所谓秉笔直书，就是史学家必须忠于历史史实，既不溢美，也不苛求，按照历史本来的面貌撰写历史。《史记》明确表示反对那种"誉者或过其失，毁者或损其真"的做法。项羽是司马迁心目中的英雄，因此，司马迁以极大的热情和强烈的爱憎记述了项羽的伟业。但对于项羽的骄傲自大和企图以武力征服天下的致命弱点，司马迁也进行了深刻的批判。对于先秦的法家和秦代的暴政，从感情上司马迁是愤恨的，但他做到了不因憎而增其恶。相反，对法家的改革和秦代统一中国的历史作用，他都给予了充分的肯定。正因为司马迁的实录精神，才使《史记》以信史闻名于世。

班固在《汉书·司马迁传》中引刘向、扬雄之言，赞扬《史记》："其文直，其事核，不虚美，不隐恶，故谓之实录。"

《史记》的

具体内容和特点，试析之如下。

1.其文直，其事核。

文直事核，是实录的基本精神，也是历史著述最基本的方法。它要求写史者要全面地占有材料，承认客观事实的存在，全面而系统地直书史实，不做任何曲笔或漏略。司马迁写历史，全方位地展现社会生活，他写了各色人物的传记，反映了历史的本真，这是实录精神最直接的反映。忠于实录，从更高的标准来看，它不是记流水

账，而是要捕捉典型的历史事件和历史
人物，它表现为一个史学家也要有远见卓
识，司马迁为项羽、吕太后作纪，为孔子、
陈涉、后妃立世家，就是实录精神升华为
卓越史识的一种表现。

实录精神要求对具体史实的载述，
要符合事实的本来面貌，不能随从流俗
和习惯，对讹传的史事要作细致调查和
考证。这些方面，司马迁做得很出色，他
在许多篇章作出交代，说明所引据的史籍
或其他根据。如《五帝本纪》："予观《春
秋》《国语》。"《殷本纪》："自成汤以

来, 采于《书》《诗》。"
等等。又如司马迁在
五帝、夏、殷、周各篇的
"太史公曰"中, 对古
史的考证作出了说明。
写五帝事迹, 是综合各
种材料然后选择了语言
优雅的材料。对夏、殷
两代的姓氏, 夏禹之崩
于会稽, 殷人之习俗,
周室何时迁居洛邑, 都
做了认真的考证, 可见
司马迁作史时的严谨态
度。司马迁不从流俗, 为
苏秦翻案, 特在赞中作
出交代。他认为苏秦起
闾巷, 连横六国, 这是
他有过人的智慧。在民
间流传中, 苏秦行事奇
异诡谲, 有许多传说神

化了苏秦，而在史籍记载中，由于苏秦早死，张仪千方百计诋毁苏秦，使天下人都讥笑苏秦。对苏秦的过誉或过损，都不符合事实，所以司马迁据事迹实录，让读者公断是非。又如《李斯列传》记载秦丞相李斯，他有大功于秦，却遭受五刑而死，天下人都觉得他很冤。司马迁用事实条陈了李斯辅佐秦始皇统一六国、建立制度的功绩，同时又记叙了他因贪重爵禄，与赵高合谋，助二世为虐的罪恶，改变了历史的进程，成为天下的罪人，其死虽惨，固不足惜。从而驳斥了李斯极忠而死的俗议。

轻视妇女，可以说是自古而然的习惯看法。孔子就说过："唯女子与小人为难养也。"司马迁不仅没有蔑视妇女的偏见，而且在他笔下，妇女形象光彩夺目。

在《史记》体例中，吕后进入了"本纪"，后妃进入了"世家"。司马迁据史实录，尽管他无情地揭露了吕后在政治斗争中的种种恶行，但并不着眼于女性祸国乱政，而恰恰指出吕后性格"刚毅戾深"，属秦始皇一流人物，具有更深层的寓意。同时，司马迁对吕后执行无为政治带来社会的安定，给予了实事求是的高度评价，也是十分准确的。《外戚世家》中，他首次指出了后妃的辅政作用。司马迁列举的历史事例也是一正一反，把妇女的作用提到了影响国家兴亡的高度，说明历史的发展进程是离不开妇女的。此外，司马迁在人物附传中赞扬了许多不同类型的妇女形象。如汉朝的缇萦和卓文君，就是敢于和封建礼法作斗争的妇女典型；还有春秋时晋国介之推的母亲；再如秦末东阳起义者陈婴母；楚汉相争时被项羽逼杀的王陵母，这些妇女是深明大义，能洞察历史大势的妇女典型。司马迁是中国历

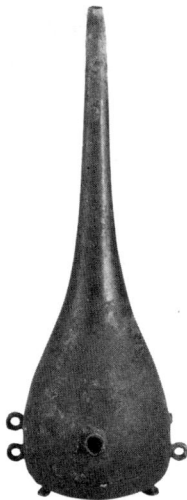

史上第一个重视了妇女在社会生活各个领域发挥作用而加以记载的史家。

为什么司马迁能有如此非凡的见识和成就，道理很简单，是因为他贯彻了史家应该具有的实录精神。

2.不虚美，不隐恶。

这是在文直事核基础上的进一步发展，它要求史家要具有求是存真的高

尚品德，不仅要善恶必书，而且要"明是非""采善贬恶"。自觉地表明对史实的褒贬爱恨，而且要做到恰如其分。司马迁明确反对"誉者或过其实，毁者或过其真"的主观臆断。所以司马迁在论述历史人物时，一般不作全盘肯定或全盘否定，而是原原本本讲清楚人物行事的缘由和客观事物变化发展的因果，依据事实给予恰如其分的评价。例如，司马迁反对秦朝的暴政，却肯定了秦朝的统一之功和制度体系；颂扬汉家统一，却又深刻地揭露和讥讽了汉家帝王的一些隐私和时政；肯定项羽灭秦之功，把他塑造成一个叱咤风云的英雄人物，

但也揭露和批判了他的残暴不仁；同情
李广，形象生动地描写了他的英勇善战和
爱国主义情怀，并给予了高度评价，但并
不掩饰其过错；司马迁极其憎恶酷吏，却
也肯定了廉洁不枉法的酷吏等等，力求做
到尊重客观历史实际。因为只有实录的历
史，才能提供真正有益的教训，使历史起
到镜子的作用。

综上所述，我们可以看到，司马迁
能够"网罗天下放失旧闻"，广泛搜集史
料，并对历史资料谨慎地鉴别、选择和
使用，致使《史记》不但成为一部贯通
三千年历史的百科全书，而且也成了一部
信史，一部实
录。

五、不朽的丰碑

（一）千古良史

《史记》是中国历史学上一个划时代的标志，是一部"究天人之际，通古今之变，成一家之言"的伟大著作，是司马迁对中国文化特别是历史学方面做出的极其宝贵的贡献。全书包括本纪、表、书、世家和列传，共一百三十篇，计五十二万六千五百字。

《史记》上起黄帝，下至武帝太初(公元前104—公元前101年)年间，全面系统地叙述了我国上古至汉初三千年来的政治、经济、文化等多方面的历史发展，是中国古代历史的伟大总结。

历来评价司马迁，往往都冠以"史学家""文学家""思想家""文献学家"乃至"天文学家"等头衔，这丝毫没有夸大，他是当之无愧的。不过，这位学术文化大师的本色首先是一位伟大的史学家，他以毕生精力完成的《史记》，在我国史学发展史上树立了一座巍峨的丰碑。这主要表现在史学思想和历史编纂学等方面的创新，体现在他作为一名史学家达到了才、学、识、德的高度统一；反映在《史记》中，又做到了事、文、义一体而突出求义，内容和形式完美统一。司马迁之所以成为千古良史，《史记》之所以成为史著的典范，原因就在于此。

作为一名优秀的史家，必须具备才、学、识、德的修养，这是数千年来总结出来的一条基本经验。在中国史学史上，最早系统总结史家修养历史经验的，是唐代著名史学家刘知几，他也认为史学家必须兼有史才、史学、史识三条长处。

他说的"才"，是指史书的表达形

式，包括文字表达和史书编撰形式（文字表达也就是文采）；他说的"学"，是指史家的知识和学问，以及取得知识和学问的能力和途径；他说的"识"，是指研究历史的观点和方法，其中明确包括"善恶必书"的直笔论。叙述历史事件，要想达到事、文、义一体化，就要靠史家的修养，即才、学、识、德的修养。史家要有远见卓识和创新精神，能登高望远，冲破旧传统。如果没有批判创新精神，因循守旧，就难以达到史学的高峰。总之，优秀的史家要有德才学识。其间，才学固然重要，而识以及德，尤其是识，更为重要。"识"主要指见识、见解、眼光，是一个思想认识问题，是一个世界观问题。史家贡献的大小多取决于其史识的高下。

司马迁之所以能成为伟大的历史学家，是他具备了作为一名优秀文史学家的条件，他有超过一般史学家的史才、史学、史识、史德，因此，他自然写出了千古不朽的名著《史记》。

这是我们叙述和评论司马迁史学的基本思路。司马迁及其《史记》对中国史学的贡献是巨大的。总的来说，可以归纳为以下几点：

第一，建立了杰出的通史体裁。《史记》是中国史学史上第一部贯通古今、网罗百代的通史名著。这一点，只要将之与希罗多德的《历史》相比较，就会非常明白。正因为《史记》能汇通古今撰成一书，开启先例，树立了榜样。于是后世仿效这种体裁而修史的也就相继而起了。通史家风一

直影响着近现代的史学研究与写作。

第二，奠定了史学独立的地位。在我国古代，史学是包含在经学范围之内而没有自己的独立地位的。自从司马迁修成《史记》以后，作者继起，专门的史学著作越来越多。于是，晋朝荀勖适应新的要求，才把历代典籍分为四部：甲部记六艺小学，乙部记诸子兵术，丙部记史记皇览，丁部记诗赋图赞。从此以后，史学在中国学术领域里才取得了独立地位。饮水思源，这一功绩应该归功于司马迁和他的《史记》。

第三，开创了史传文学传统。《史记》的文采历来为我国文学界所称颂，它开创了我国传记文学的先河。司马迁的文学修养深厚，其艺术手段特别高妙。往往某种极其

复杂的事实，他都措置得非常妥帖，秩序井然，再加上他见识高，文字生动，感情充沛，因此，在《史记》这座人物画廊里，我们不仅可以看到历史上那些有作为的王侯将相的英姿，也可以看到妙计藏身的士人食客、百家争鸣的先秦诸子、"士为知己者死"的刺客、已诺必诚的游侠、富比王侯的商人大贾，以及医卜、俳优等各种人物的风采，给人以美的享受和思想上的启迪。

司马迁创造性地把文、史熔铸于一炉，为我们写下了一部形象的历史。所以，鲁迅先生称赞《史记》为"史家之绝唱，无韵之离骚"。正因为如此，在中国古代浩瀚的史学著作中，《史记》拥有的读者量是首屈一指的。

此外，《史记》还贯穿一条重要线索，即重视人的历史作用，这是很珍贵的。司马迁是反天命的，强调人是历史的中心。因此，他在写帝王将相的同时，注意为社会上的各种人立传，尤其是把农民起义的领袖陈胜、吴广，放到与王侯功臣以及封建社会的圣人孔子同等的地位来写。所以在《史记》中，既有战国七雄的世家、萧丞相（萧何）、留侯（张良）的世家、孔子的世家，同时也有陈涉世家。

司马迁也很重视物质生产活动在历史上的作用，把经济状况同政治上的治乱兴衰紧密地联系在一起。他还强调总结历史经验，提出"以史为鉴、鉴往知来"的思想。由于司马迁在历史编纂学上的伟大创造精神，他的进步的史学思想和严谨的治史方法，使《史

记》成为我国史学史上一座巍峨的丰碑，
司马迁也赢得了"中国史学之父"的美
名。

（二）文学成就

界定《史记》的文学性，必然要触及
司马迁的文学观。因为司马迁个人的文学
主张，是他进行创作的基准点，挖掘《史
记》的文学成就，首先就要总结司马迁的
文学思想。

在司马迁的时代，文学实
践还不具备产生文学理论家
的条件，自然司马迁也不是文
学理论家，他没有留下恢弘的
文论著作。但是，司马迁在创
作实践中，非常重视作品的艺
术性，而且不自觉地流露了许
多文学主张，所以在我国古代
文论发展史上，无可置疑地

是一位先驱者。概括地说，司马迁的文学主张，主要有以下几个方面。

西汉时，文学作品都笼统地称为"文章"，作家称"文章家"。《汉书·公孙弘传》就说："文章则司马迁、相如。"宣帝时，"萧望之、梁丘贺、夏侯胜、韦玄成、严彭祖、尹更始以儒术进，刘向、王褒以文章显"。显然，西汉之世，经学儒术与文章文学已经开始独立发展。汉武帝独尊儒术，提倡经学，他同时爱好文学，于是汉赋日益兴盛。但两汉时期文学之士的地位是低下的，就连司马相如也只不过是汉武帝的文学侍从。但司马迁却在《史记》中突显文章家的地位，广载文学作品。

司马迁为屈原立传，极力推崇《离骚》，评价它"虽与日月争光可也"。屈原历史地位的确立和《离骚》影响的扩大，是司马迁为之奠定了不朽的

功业。他又为司马相如立大传，详载了这位作家的名作，才使得司马相如的赋得以流传。又如李斯的《谏逐客书》《论督责书》、乐毅的《报燕惠王书》、贾谊的《吊屈原赋》《鵩鸟赋》、鲁仲连的《遗燕将书》、邹阳的《狱中上梁王书》等，司马迁都不遗余力地载入传中。司马迁用文学手法写历史，使《史记》文章蔚然可观，这正是他自觉创新、自觉追求的结果。

司马迁之所以重视文学，同他对文学的社会地位及其作用的认识是分不开

的。从中国的文化传统来看，从孔子以来，都把文学同社会现实紧密地联系起来，把文学看作是社会现实的反映，文学要服务于现实，反映现实生活，并讥讽时事。《史记》贯穿了近三千年的史事，其中只有一百年左右的汉史，无论篇目还是字数均占了全书一半。从史学角度看，这是详今略古；从文学角度看，则是重点反映现实生活，记载"今汉兴，海内一统，明主贤君忠臣死义之士"的事迹。司马迁着意刻画的人物，主要是秦汉之际及与作者同时代生活的人。司马迁二十岁时壮游，搜集遗文古事是一个方面，而深入到广阔的现实生活中，体察民情生活则是更主要的方面。像司马迁对水利的考察，对货殖经济的了解，对汉兴风云人物的调查，对民间疾苦生活的反映，都是十分突出的。对于文学的社会作用，司马迁有着充分的认识和阐述。一方面是惩恶劝善的教化作用，另一方面是讽谏刺讥的政治作用。《史记》熔文史于一炉，司马迁讲历史的借鉴作用，同时也讲文学的借鉴作用。他在回答壶遂的提问中，对文史的作用已经作了充分的阐述。

司马迁认为，历史上伟大的文学作品，都是圣贤和志士仁人们不易实现的抱负及郁郁寡欢愤恨现实留下的产物。因此，讥讽当世，也就是文学对现实社会的批判，是

文学的重要内容。在《屈原传》里，司马迁对屈原《离骚》以讥世作了具体的分析：这位忠贞正直、远见卓识的爱国之士不为顽固腐朽的贵族势力所容，备受打击、陷害，以致被贬谪、放逐，在悲伤痛苦之中进行创作，以抒发自己的愤恨和不满。指出《离骚》是由于诽谤带来的愤恨而产生的，是作者对当时楚国黑暗政治的深刻批判。他认为像《离骚》这样的作品，是弘扬道德、治理乱世的杰作。可以提高社会道德水平和对治理国家起到借鉴作用，从而提高文学作品的社会意义。

为了体现文学作品的讽谏作用，司马迁强调文学要有艺术性，要有审美价值，注意内容与形式、艺术与人格的统一。在这方面，他提出了一系列独到的见解。一是要求文章要美,包括语言美、形式美。二是要求文章隐约、含蓄。针对现实的文学作品不能锋芒外露,要写得隐约含蓄。

司马迁如此重视文学的社会作用,当然他也反对文学脱离社会现实的弊端,认为作家要像侠士一样发愤著书。司马迁提出发愤著书,是对前人文学思想的继承和发展。他抛弃了屈原作品那种凄恻哀怨的风格,发扬了汉代上升时期那种积极奋发的时代精神。司马迁即使在最艰难的境况下也要建功立业,名扬后世,做一个顶天立地的"伟丈夫"。在生与死的搏斗中,他悟出了人生的价值:"人固有一死,或重于泰山,或轻于鸿毛。"个人的悲剧并没有把他的事业埋葬,为了建功立业,为了完成撰史

的宏愿，他把个人的生死祸福置之度外，把怨愤、屈辱强压在心底，他顽强地活下来，默默地工作着，用自己的血和泪，爱和恨，撰写了不朽的《史记》，实现了他人生的价值。

《史记》无论在中国史学史上还是在中国文学史上，都堪称是一座伟大的丰碑。史学方面姑且不论，文学方面，它对古代的小说、戏剧、传记文学、散文，都有广泛而深远的影响。首先，从总体上来说，《史记》作为我国第一部以描写人物为中心的大规模作品，为后代文学的发展提供了一个重要基础。《史记》为中国文学建立了一批重要的人物原型。在后代的小说、戏剧中，所写的帝王、英雄、侠客、官吏等各种人物形象，有不少是从《史记》的人物形象演化出来的。

在小说方面，除了人物类型，它的体裁和叙事方式也受到《史记》的显著影

响。中国传统小说多以"传"为名，以人物传记式的形式展开，具有人物传记式的开头和结尾，以人物生平为脉络，严格按时间顺序展开情节，往往有作者的直接评论，这一重要特征，主要是源于《史记》。

在戏剧方面，由于《史记》中记述的故事具有强烈的戏剧性，人物性格鲜明，矛盾冲突尖锐，因而自然而然成为后代戏剧取材的宝库。据傅惜华《元代杂剧全目》所载，取材于《史记》的剧目就有一百八十多种。据李长之统计，在现存的一百三十二种元杂剧中，有十六种采自《史记》的故事，其中包括《赵氏孤儿》这样具有世界影响的名作。到后来的京剧中，仍然有许多是取材于《史记》的，如众所周知的《霸王别姬》等。

在传记文学方面，由于《史记》的纪

传体例为后代史书所继承，由此产生了大量的历史人物传记。虽然，后代史书的文学性不如《史记》，但其数量浩如瀚海，如果将其中优秀传记提取出来，也是极为可观的。此外，史传以外的别传、家传、墓志铭等各种形式的传记，也与《史记》所开创的传记文学传统有渊源关系。

（三）司马迁的地位和影响

司马迁的一生全部贡献给了《史记》，从古至今司马迁和《史记》已成为一个不可分割的整体。评价司马迁在中国和世界文化思想史上的地位和影响，也就是评价《史记》的地位和影响。《史记》是一部空前的历史巨著，也是一部杰出的纪传体文学名著，司马迁集史学家、文学家、思想家于一身，在中国古代史上是前无古人、后无来者的，在世界古代史上也是罕见的天才。

作为历史学家，司马迁的《史记》被誉为"史家之绝唱"，在我国古代史学史上树立了一座巍峨的丰碑。司马迁的《史记》，是对先秦史籍和文献做的一个总结，为后来的史学发展提供了范例，而且开拓了广阔的领域，奠定了其在史学中的独立地位。

中国史学源远流长，据文献记载，商、周时代，王室有史官。左史记言，右史记事，所以我国古代史籍产生很早。《尚书·多士》篇说："殷先人有册有典。"《墨子》书中记载有"百国春秋"。《国语·楚语上》记载

申叔时为楚太子所开列的学习书目有九种，其中春秋、世、语、故志、训典等五种就是历史典籍。这些典籍都没有流传下来，今天能够看到的先秦史籍尚有《尚书》《逸周书》《春秋》《左传》《国语》《周礼》《仪礼》《世本》《竹书纪年》《战国策》《山海经》等。司马迁当时能看到的毫无疑问比现在要多得多，可以说，正是司马迁在我国古代这块史学沃土上辛勤耕耘，才产生了《史记》这朵史学奇葩。

作为文学家，司马迁开创了散文叙事的传记文学，《史记》遗泽后世，成为历代文学大家和千万读者学习、借鉴的典范。《史记》对后世传记文学、散文、小说、戏曲都

产生了深远的影响。影响最直接的是散文。司马迁的散文成就，不仅代表了汉代文学的高峰，而且在散文发展史上，也起着承前启后的作用。

汉代文学有影响的领域有四个方面：一是汉赋，二是散文，三是乐府民歌，四是文人五言诗。而最为突出的领域和文学大家是以司马相如为代表的汉赋，以及以司马迁为代表的史传散文。人们往往将司马相如与司马迁并称，说"文章西汉两司马"。汉赋在两汉文坛，尤其在西汉武帝时代占有统治地位，汉武帝以及诸侯梁孝王就是汉赋的爱好者、推广者。正因为如此，汉大赋在内容上一味歌功颂德，点缀升平，它所描写的对象主要是宫室苑囿、京都田猎等一类东西；在形式上一味铺陈排比，写物图貌，

它偏离了文学，以写人为宗旨，而且未能反映广阔的社会生活。司马相如赋就是典型的代表。经过历史的检验，真正代表汉代文学高峰的不是写《子虚赋》《上林赋》的司马相如，而是司马迁。在文学发展史上，文章家司马迁应和大诗人屈原并列。屈原的《楚辞》代表了先秦文学的最高峰，司马迁史传散文代表了汉代文学的最高峰，两人前后辉映，各自成为一个时代的代表人物。屈原和司马迁两人，不仅身世遭遇有共同之处，而且两人的作品强烈地反映了现实生活，他们都鞭笞腐朽和黑暗，同情被压迫人民，同时又具有浪漫主义情怀，歌颂理想，抒写人生。所以鲁迅称《史记》为"无韵之离骚"，是极为中肯的。

唐宋八大家是我国古典散文的杰出

代表，他们反对六朝柔弱的文风，提倡
古文，把《左传》《史记》当做旗帜。《左
传》散文叙事有具体的过程，而且富有
文学性，在散文史上是一个发展。但《左
传》散文以记事为主，还缺乏人物形象的
塑造，又受到解经编年的限制，还没有充
分发挥出散文完整叙事的特点。《史记》
散文广泛吸收先秦诸子散文与《左传》
《国语》《战国策》等叙事散文的特长，
创造出了《史记》独有的史传文学，把散
文的发展推向了一个新的高峰。唐代古
文运动的先驱者独孤及说："荀、孟朴而
少文，屈、宋华而无根。有以取正，其贾
生、史迁、班
孟坚云尔。"
这是说司马迁
的文章比荀
子、孟子更富
有文采，又没
有屈原、宋玉

"华而无根"的弊病。

从写人的文学角度看,司马迁创造了史学与文学高度统一的传记文学。因此,《史记》不仅影响了后世史传、杂传的写作,也深深地影响了后世小说和戏剧的创作。司马迁是人物形象创作典型化的奠基人。只要提起司马迁,人们的脑际就会浮现出屈原、魏公子、廉颇、蔺相如、项羽、刘邦、张良、韩信、樊哙、李广,以及荆何、聂政、朱家、郭解等一系列英雄人物形象。司马迁"以文运事"的写人艺术,直接影响了"因文生事"的后世小说,使中国小说具有不同于西方小说的独立特点。中国小说故事性强,开头结尾与情节结构都带有史传的特点,这是受《史记》影响的结果。反过来说,《史记》中的若干篇章仿佛就是生动的历史小说。

由上所述，在中国文学发展史上，司马迁是当之无愧的杰出的文学家。他创作的《史记》传记文学，具有多方面的文学价值，是中国古典文学中无与伦比的精品。

作为思想家，司马迁具有崇高的人格和创新的精神。他的崇高人格和创新精神，主要表现在以下三个方面：一是忍辱负重，发愤著书，实现了"成一家之言"的理想；二是勇于探索和创新，创作了划时代的纪传体通史，用以汲取成败兴亡之理，志古自镜；三是严格地忠实于信实可靠的历史，不与圣人同是非。这些精神和品格，都是值得我们继承和发扬的。司马迁忍辱发愤，实现了"成一家之言"的理想，为人们树立了以立名为核心思想的进步的荣辱观和

生死观，对后世产生了深远的影响。北齐颜之推在《颜氏家训·名实》篇中说："劝其立名，则获其实。且劝一伯夷，而千万人立清风矣；劝一季札，而千万人立仁风矣；劝一柳下惠，而千万人立直风矣。"这是说，杰出人物的修身立名可以影响一代人的风气。在封建社会，个人的修身立名是一种积极进取的人生观。"青史留名"，不仅是古代志士仁人奋斗和追求的目标，而且普通老百姓都懂得"青史留名"的深刻意义。南宋民族英雄文天祥在《过零丁洋》诗中曾写下"人生自古谁无死，留取丹心照汗青"的豪迈诗句，至今仍是激励人们奋斗的座右铭，可以说这就是司马迁名重泰山的立名精神。明代柯维骐效法司马迁发愤修史，竟然自处宫刑，其行为固然可笑，但也说明了司马迁忍辱发奋的精神对后世产生了强烈的影响。作为思想家，司马迁的伟大，更体现在他在创作实践中不断创新和开拓的精神。司马迁非常尊敬他的父亲，也无限推崇孔子，但是他并不墨守父训和死抱经文。他的创新精神突破了父亲的规划和圣人的遗则。可以说，创新既是司马迁品格的集中反映，也是《史记》的最大成功。《史记》之所以是一部划时代的伟大著作，用最简练的语言来概括，就是这部巨著从内容到形式都有划时代的创新。

　　司马迁之所以能够创新，主要是他立意高远，能够坚持实

录的写作精神，"究天人之际，通古今之变，成一家之言"，拿出自己独到的见解来回答历史是怎样变化发展的，所以他才能"不与圣人同是非"，突破了旧的思想传统和官方哲学的框架。这种创新思想，集中地表现在赞扬道家以及为商人、游侠立传这几个方面。班固批评说："是非颇缪于圣人，论大道则先黄老而后六经，序游侠则退处士而进奸雄，述货殖则崇势利而羞贱贫，此其所蔽也。"班固所批评的所谓太史公三失之"蔽"，恰恰是司马迁思想中光彩夺目之"长"。司马迁"论大道则先黄老而后六经"，是肯定文景之治的升平而否定汉武帝的多欲所造成的衰败；述货殖为商人立传，是肯定商人促进生产发展，对社会经济的繁荣所作的贡献；颂游侠，是肯定这一类人能够牺牲自己、救人之急的道德品质。实际上，司马迁是通过颂黄老、商人、游侠来表达他对开明政治的向往，对人民求利

和反强暴的肯定。这些思想正体现了《史记》褒贬人物和历史事件的尺度是不受统治阶级正统思想约束的，而是在一定程度上从被压迫人民的利益角度来立论，这无疑是那个时代最进步的思想。

总之，司马迁创造了百科全书式的"纪传体通史"。这不仅仅是史学发展史上一次划时代的创新，而且在文学史和思想史上也树立了一座里程碑。从司马迁立言角度来看，五体结构的纪传体，乃是"一家之言"的表述形式；而贯通百家学说以建立统一的新思想体系，就是"一家之言"的内容。因此，司马迁的思想体

系不是思辨哲学，而是经世致用地总结历史经验，在述往事、思来者中形成"一家之言"。由于司马迁的"一家之言"融会贯通了百家学说，所以它是相对"独尊儒术"思想体系发出的异端思想。这一异端思想，使司马迁突破了正统和愚忠的思想束缚，敢于实录历史，讥讽君王，非议圣人，反对暴政，同情人民的苦难，并在《史记》中突出了重视人民力量的思想，这些就是《史记》的人民性思想成分。司马迁的"一家之言"是我国古代异端史学的优秀传统，是应该肯定的。

有人把司马迁和《史记》视为一个光辉的榜样，司马迁以其顽强的精神、杰出的才华、辉煌的成就，无论是学术贡献，还是人格、风格，都为后人树立了光辉的榜样，激励和哺育着一代又一代学者奋发图强，积极进取，谱写中华文化的锦绣篇章。

有人把司马迁和《史记》视为一座明亮的灯塔，它以智慧和生命之光，明亮了历代学者前进的道路，也照亮了他们的心。

作为丰碑、榜样、灯塔，不光是对史学、文学而言，不光是囿于文人学士，司马迁以拥抱整个民族文化的宽广胸怀，勇于探索，忍辱负重，顽强追求，继承和发展民族文化，成为民族文化的杰出代表。司马迁的这种精神，体现了我们民族自强不息的斗争精神，司马迁的成就就是我们民族的成就，他的

《史记》属于整个民族。《史记》博大精深，几乎囊括了当时人类思想、活动的全部内容，是一部集先秦汉初文化之大成的百科全书，汉代以来我国历史上的各朝各代，包括政治、经济、法律、军事、哲学、历史、文学、艺术、天文、历法、民族、医学等各个领域的学者，差不多都受过司马迁及其《史记》的深刻影响。

司马迁给后人留下了一份传世不朽的文化遗产，也为后人树立了一个百折不挠、忠于事业和理想的榜样。这两点，都嘉惠后人，光照千古，照亮了中国文化发展的道路。